GLENGOWER
Poems for No One in Irish and English

Gabriel Rosenstock

Published by The Onslaught Press
on Midsummer's Day 2018

ISBN: **978-1-912111-53-4**

The poems are set in Le Monde Livre & the section headings in
Le Monde Sans, both by Jean François Porchez.
The cover and front matter are set in
Akira Kobayashi's wonderful **DIN Next**

Printed & bound by Lightning Source

Some poems were previously published in *Cyphers*, *Poetry Ireland Review*,
The Penny Dreadful and *Scroll.in* and in the anthologies
to kingdom come: voices against political violence.
The Deep Heart's Core, *Reading the Future*,
& *Overthrowing Capitalism #4*

His greatest gift to the Irish-language poem is his stance as outsider.

— Liam Ó Muirthile

Rosenstock is so famously difficult to pin down, that one is slow to try to describe him at all. Indeed, this foxy elusiveness may be his defining feature.

—Poetry International

I stíl, i ndearcadh, i gcur chuige tá sé neamhchosúil le héinne eile atá ag saothrú na teanga faoi láthair.

—Cathal Ó Searcaigh

Gabriel Rosenstock's poetry is unique in the aesthetic resolution it achieves between the political and the metaphysical, the regional and the universal, the identification with the victims of injustice, neglect and exploitation and the celebration of Nature's endless mystery: there are very few poets writing today who can equal him in his range of concerns, themes and forms as well as the simplicity he achieves in the poetic expression of his integrated vision that is a mark of a rare meditative maturity.

—K. Satchidanandan

He is a shape-changer. He is both everywhere and nowhere.

—Liam Carson

His poems are fearless, expansive, delirious, hilarious, but always astonishing.

—Bill Wolak

Tá taithí le fada againn ar shaothar Ghabriel Rosenstock, an file a thug an India agus an t-oirthear agus an haiku agus foirmeacha aduaine eile isteach sa Ghaeilge. Is maith is eol dúinn a chúram don mhionrud, don mhóimint, don léargas gealghonta aonair. Bíodh nach toise nua ar fad atá á oscailt sa chnuasach seo aige—faightear an aigne chéanna, an cúram fairsing céanna—aithneofar géire bhreise san insint amhail is dá mbeadh sé sásta dul go poiblí ar shlí nár dhein go hiomlán cheana. Baile beag gránna abhac-aigneach is ea Gleann na nGabhar/ Glengower a thugann teideal don leabhar, agus ní miste a rá gur dócha gurb é Éire é ina lánleamhas. Is é is measa faoi ná go bhfuil an fhírinne aige ann arís is arís.

—Alan Titley

Gabriel Rosenstock defies gravitational laws, leaping out of the confines of the Irish language through the vigour of his writing and its total disregard for the limitations of time and space. He employs the poetic resources of all ages and languages to describe the central dramas of the soul with beauty, humour and precision.

—Gwyneth Lewis

Gleann na nGabhar

~~CLENGOWER~~

PART ONE: In India and thereabouts

PART TWO: Glengower

PART THREE: Krishnamurphy

APPENDIX I: Poems written in English

APPENDIX II: Some poems from the 1916 era

White Flags

The American flag
on the moon
has turned white,
bleached by the sun.
The stars and stripes
are nothing now,
a dream.
All flags will pale
Some sunny day

Bratacha Bána

Tá bratach Mheiriceá
ar an ngealach
iompaithe bán,
tuartha ag an ngrian.
Ní faic anois iad
na réaltaí, na stríoca,
brionglóid.
Lá breá gréine
beidh gach brat tréigthe

PART ONE

In India and thereabouts

Who knows?

The Maharshi gave out
to some boys
throwing stones
at a crow:
Leave him alone!
No ordinary crow that one
but a sage on pilgrimage

When I hear a crow
I remain silent
listening—
caw!
caw!
caw! who knows?

Cá bhfios?

Thug an rísí mór amach
do na garsúin
a bhí ag crústáil préacháin
le clocha:
Ligigí dó!
Ní gnáth-phréachán é siúd
ach saoi ar oilithreacht

Nuair a chloisimse préachán
bím im' thost
ag éisteacht—
mar . . .
cá
cá . . .
cá bhfios?

The Poet as Untouchable

the poet is the Dalit
the Untouchable of our times
he has cast his shadow on all
like some cloud that appears
from nowhere
from some hill or mountain
where language still mutters
like rain
where a goddess dwells in a cave
unsung epics smouldering in her breast
Untouchable poet!
we cannot bear the silent thunder
of his name

An File mar Íochtarán

is é an file an Dalit,
Íochtarán ár linne
a scáil caite aige ar chách
mar néal a nocht
as n'fheadar cén áit
cnoc nó sliabh éigin
monabhar na teanga ann
ina báisteach
bandia i bpluais ann
eipicí neamhchanta ar fiuchadh ina brollach
an file ina Íochtarán!
ní féidir le héinne toirneach bhalbh a ainm
a fhulaingt

Broken bangle

a bangle seller on a Mumbai train is arrested (again) her bangles confiscated

red, yellow, blue, purple, et cetera on her way to the police station

she sees a rainbow—a broken bangle—in the sky

colourless

Bráisléad briste

gabhadh díoltóir bráisléad (arís) ar thraein in Mumbai

coigistíodh na bráisléid dearg, buí, gorm, corcra agus araile

ar a slí go dtí stáisiún na bpóilíní feiceann sí bogha ceatha—bráisléad briste—sa spéir

gan dath

Singing Its Heart Out

I'm listening
to the singing bowls of Tibet
According to the website
they contain metal from a meteorite
This precious metal
reminds us of the Void
Do I need to listen
to singing bowls
in order to reach the Void
Is it not already in me

what else loudly sings its heart out

Canadh os Ard

Táim ag éisteacht
le babhlaí cantaireachta na Tibéide
De réir an tsuímh ghréasáin
tá miotal dreigíte iontu
Sé an miotal luachmhar sin
a mheabhródh an Folús duit
An gá domsa éisteacht
le babhlaí cantaireachta na Tibéide
chun teacht ar an bhFolús
Nach ionam atá sé cheana féin

cad eile atá ag canadh os ard

Oneness of God

An Indian poet-philosopher declared—
(a lot of Indian poets are philosophers)—
There is only one poem
So, every poem—including this one—
and all poems to come
are but some variation on the one
Is there but one tune
one story
Are all gods a variation on the One
What is this longing in us for the One
I discussed the matter with a poet from Kerry:
*'Jaysus! It's a f****n' hoor altogether,' he opined.*

Aonacht Dé

D'fhógair file-fhealsamh Indiach
(is fealsúna iad go leor d'fhilí na hIndia)
nach raibh ann ach an t-aon dán amháin
Mar sin níl i ngach dán, an dán seo san áireamh
is gach dán a thiocfaidh
ach breachnú ar an aon dán amháin sin
An é nach bhfuil ann ach tiúin amháin
scéal amháin
An é gur breachnú ar an Aon iad na déithe go léir
Cén dúil atá ionainn san Aonacht
Phléas an scéal le file as Ciarraí:
*'Jaysus! It's a f****n' hoor altogether!'* ar sé.

Gunachaur: A Pilgrimage

Never been to Gunachaur
unlike Punjabi poet, Amarjit Chandan,
never graced a prison cell
with nothing there by way of company
save the irregular beat of my own heart
I'd like to go to Gunachaur
don't know where it is—
within an ass's roar of Nawan Shahar—
waiting for me, surely?
I'll meet with Amarjit Chandan's relations there
distant relations
saints, rogues, it doesn't matter
I'll say I heard about them in a poem
all about this wonderful town, Gunachaur
yes, and oh, a damn fine poem it is too.
I'll read it to them. In Irish.
I imagine there may be a cock crowing
a goat scratching itself against a neem tree.
Amarjit's distant relations showering me with praise
shouting 'Wah Wah!'

Saying (among themselves)
are all poets as crazy as this?
On the way back I'll pay a short visit to Nawan Shahar

Gunachaur: Oilithreacht

Ní rabhas riamh in Gunachaur
murab ionann agus Amarjit Chandan, file Puinseabach,
ní rabhas riamh i bpríosún ach oiread
is gan de chomhluadar agam ann
ach buile mírialta mo chroí féinig
Ba mhaith liom triall ar Gunachaur
níl a fhios agam cá bhfuil sé—
i bhfoisceacht scread asail do Nawan Shahar—
caithfidh go bhfuiltear ag súil liom ann?
Buailfidh mé le gaolta Amarjit Chandan
gaolta i bhfad amach
naoimh nó rógairí is cuma sa sioc
Déarfaidh mé leo gur i ndán a chuala mé fúthu
Agus faoin mbaile iontach seo Gunachaur
agus sea, dán breá, leis, é ambaist.
Léifidh mé dóibh é. I nGaoluinn.
Samhlaím go mbeidh coileach ag glaoch
gabhar á thochas féin i gcoinne chrann neem.
Molfaidh na gaolta chun na spéartha mé: 'Wah Wah!'

Á rá (eatarthu féin)
an bhfuil gach aon diabhal file glan as a mheabhair?
Ar mo bhealach ar ais, tabharfaidh mé cuairt ghearr ar Nawan Shahar

Perfection of Jain Masters

BE YE, THEREFORE, PERFECT
(MATHEW 5.48)

Twenty four statues
of Jain masters
each one the same

Not one is different

None is one-eyed
one-eared
or one-legged

Each the same
nose, mouth

You and I are the same

Our eyes
our ears
our legs
may not be perfectly similar

mouth, nose and so on

But we are perfectly similar
you and I
in our perfection

That is all

Foirfeacht na Máistrí Jaineacha

Bígí foirfe, dá bhrí sin
(Matha 5.48)

Ceithre dhealbh ar fhichid
de mháistrí Jaineacha
iad uile mar a chéile

Níl éinne acu éagsúil

Gan duine acu ar leathshúil
ar leathchluas
ar leathchos

Iad uile mar a chéile
an tsrón, an béal

Is mar a chéile tusa is mise

Na súile
na cluasa
na cosa
ní mar a chéile go hiomlán iad

an béal, an tsrón agus mar sin de

Ach táimid go hiomlán mar a chéile
tusa agus mise
san fhoirfeacht

Sin uile

Credo

*I*CH *AM OF* I*RLONDE*,
AND OF THE HOLY LONDE
OF I*RLONDE* . . .

I am no longer of Ireland
or of any goddam nation state
if I am anything
I am grass in a forest
trampled by elephants
a forest so vast
even the monkey cannot find its borders
grass upon which rishis rest
before composing the Upanishads

Cré

Ich am of Irlonde
and of the holy londe
of Irlonde . . .

Ní d'Éirinn mé níos mó
ná de náisiúnstát mallaithe ar bith
más aon ní mé
is féar mé i bhforaois
ar shatail eilifintí air
foraois chomh fairsing sin
nach eol don mhoncaí féin 'bhfuil teorainn léi
áit a nglacfaidh saoithe scíth
sula gcumfaidh siad na hÚpainiseaidí

Corpse of the Sweet Mouth

I am searching for the body
of Amulya Barua
twenty-four year old poet

His body—Assam's own Lorca—
never found
never cremated

How will we know his body
when we find it
still singing

Marbhán an Bhéil Bhinn

Tá corp Amulya Barua
á lorg agam
    file ceithre bliana is fiche

Níor thángthas riamh ar a chorp—
Lorca de chuid Assam—
    le haghaidh a chréamtha.

Conas a aithneoimid é
nuair a thiocfar air
    beidh sé fós ag cantaireacht

Meher Baba Kisses the Feet of Lepers

Dust of the roads on misshapen feet
kissed over and over again by Meher Baba
embracing their beautiful souls
God's fragrance spreading far and near
sweeter than jasmine

The One Reality that is the tree, He
the sap, roots, branches
pointing everywhere
sun and wind dancing among leaves
shimmering lepers resting in its shade.

Come, come to us
Come to Dublin, Belfast,
Cork, Galway
kiss the feet of lepers
bankers
politicians
lawyers

poets who cannot go further back than Swift

Cosa na Lobhar á bPógadh ag Meher Baba

Dusta na mbóithre ar a gcosa míchumtha
agus Meher Baba á bpógadh arís is arís eile
barróg á tabhairt aige dá n-anamacha áille
cumhracht Dé á leathadh ar fud na bhfud
níos milse ná seasmain

An tAon Réaltacht: crann É—
sú, fréamhacha, géaga
dírithe gach áit
grian, gaoth ag damhsa i measc na nduilleog
lobhair lonracha ag glacadh scíthe faoina scáth.

Tar, tar chugainn
tar go Bleá Cliath, Béal Feirste
Corcaigh, Gaillimh
póg cosa na lobhar againn
baincéirí
polaiteoirí
dlíodóirí

filí nach cuimhin leo níos faide siar ná Swift

The Poem Maker

After throwing the computer on the dunghill
seek the leaves of the female palmyra
small, narrow, fibrous
and leave to dry in the sun.
Trim to appropriate size
shall we say (for this poem) 20 inches long
and about 2 inches wide.
Rub both sides of the leaf
on the sole of the foot
until the surface is smooth
then make a hole close to each end.
Holding the iron stylus in the right hand
push from behind with the thumb of the left hand.
Now write the poem.
When it is finished
blacken the incised letters
with charcoal paste
chanting all the while in gratitude to Saraswati
from whom all poems emanate.

An File

Tar éis duit an ríomhaire a chaitheamh ar an gcarn aoiligh
aimsigh duilleoga an *phalmyra* bhaineannaigh
caol, bídeach, snáithíneach
fág á dtriomú iad faoin ngréin.
Bearr ansin ina dtoisí cearta iad
abraimis (i gcás an dáin seo) 20 orlach ar fad
agus 2 orlach ar leithead.
Cuimil dhá thaobh na duilleoige
de bhonn na coise
go dtí go mbeidh an dromchla mín
déan poll ansin gar do dhá cheann na duilleoige,
beir ar an stíleas iarainn sa lámh dheas
brúigh ón gcúl le hordóg na láimhe clé.
Anois scríobh an dán.
Nuair a bheidh deireadh scríofa agat
dubhaigh na litreacha greanta
le taos fioghuail is bí ag canadh an t-am ar fad
mar bhuíochas do Saraswati
óna dtagann gach dán

Hare Krishna

When the music of the flute subsides
concentrated in that silence
the future poetry of all mankind

Hare Krishna

Nuair a thráfaidh ceol na fliúite
sa tost sin comhdhlúite
gach dán gach áit a scríobhfar feasta

Bhima Bhoi

Some say he was found, like Moses
others say: No, he was born here
or he was born there
here and there
was he ever born?
Did not he himself say his father is the beginningless Lord
his mother the primal energy
from whose union he appeared
his tongue aflame with poetry.
Some say he was born blind
others say: No, he sees everything!

How could a cow minder be blind!
Maybe the cows were blind
no problem, his poetry is pure mantra
it can cure anything—blindness, snake-bite.

In a café in Dublin I found myself
sitting opposite a man drinking a skinny latte
he looked vaguely familiar.
Excuse me, I asked, are you Bhima Bhoi by any chance?
How extraordinary, he replied,
I was about to ask you the same question.
I fled.
Can one flee from him?
On Grafton Street
a cow passed by
she paused for a while
listening to a busker chanting a bhajan:

Bhima Bhoi

Deir daoine áirithe gur thángthas air, mar Mhaois
deir daoine eile: Ní hea, anseo a rugadh é
nó rugadh thall ansin é
thall is abhus
ar rugadh riamh é?
Nach é féin a dúirt gurb é an Tiarna gan tús a athair
agus an fuinneamh príomhúil a mháthair
eisean toradh a gcomhriachtana
a theanga ar bharr lasrach le filíocht.
Deir daoine áirithe gur rugadh dall é
deir daoine eile: Ní hea, feiceann sé gach aon ní!

Conas d'fhéadfadh aoire bó a bheith dall!
B'fhéidir gur dall a bhí na ba
má bhí, ba chuma,
mantra íon is ea a chuid filíochta
leigheasfadh sí rud ar bith—daille, greim nathrach.

I gcaife i mBleá Cliath tharla go rabhas suite trasna
ó dhuine a raibh latte tanaí aige á ól
mheasas go raibh sórt aithne agam air.
Mo leithscéal, a deirimse, ní tusa Bhima Bhoi, an tú?
Nach ait an diabhal rud é, ar seisean,
bhíos díreach chun an cheist chéanna a chur ortsa.
Theitheas uaidh.
An féidir teitheadh uaidh?
Bhí bó ag gabháil thar bráid
ar Shráid Grafton
stop sí tamall chun éisteacht le ceoltóir sráide

'Form brighter than a million flames
Limbs dazzling like a million suns . . .'
She rambled on down towards Trinity College
the light of the mid-day sun on her horns—
then I lost sight of her.

agus *bhajan* aige á rá:
'Is gile ná milliún lasair a chló
A ghéaga ag lonrú mar mhilliún grian . . .'
Ar aghaidh léi síos fad le Coláiste na Tríonóide
solas ghrian an mheán lae ar a hadharca
chailleas radharc uirthi ansin.

PART TWO

Glengower

Fog

Fog falls, trickling softly on Glengower.
They've never seen the likes before
(not since the death of folklore).

It settles on things no longer there
the parish pump
a baby's bones
Gaelic manuscripts: a version of Virgil
by one Seán Bán an Ghleanna

It falls on things that never existed
on the baguette which the sculptor
M. Thierry Gillet carries through the town
and which is not a baguette at all
reminds him of home, Rennes

Someone decides this fog can be eaten.
She tastes a teaspoon of it and is content
publishes a few recipes in the local rag
fog with honey, with nuts . . . that sort of thing.

Someone else of a mind to take a sample of said fog
and send it up to the Government
in case it's any danger to the public.
Another says, wasn't it the bloody Government that issued it in the first place.
After that, no one ventured out till the fog cleared.

Ceo

Titeann ceo, ag sileadh go mín ar Ghleann na nGabhar.
Ní fhacadar a leithéid riamh cheana
(ó chuaigh an béaloideas i léig).

Luíonn ar nithe nach bhfuil ann níos mó
caidéal an pharóiste
cnámha linbh
lámhscríbhinní Gaeilge: aistriúchán a dhein Seán Bán an Ghleanna
ar Virgil

Titeann an ceo ar nithe nach raibh riamh ann
ar an mbaguette a iompraíonn an dealbhóir
M. Thierry Gillet tríd an mbaile
is nach baguette in aon chor é
ach go meabhraíonn a bhaile dúchais Rennes dó

Measann duine áirithe go bhféadfaí é a ithe.
Blaiseann sí spúnóg den cheo agus í sásta leis.
Foilsíonn cúpla oideas sa pháipéar áitiúil
ceo le mil, le cnónna agus mar sin de.

Duine eile á mheas gur cheart sampla a ghlacadh den cheo
is é a chur go dtí an Rialtas
ar eagla gur bhaol don phobal é.
Nach ón Rialtas a tháinig sé an chéad lá
arsa fear eile.

Níor chuaigh éinne amach ina dhiaidh sin
go dtí gur ghlan an ceo.

Statue

Glengower has a new statue smack in the middle of the town
nobody knows who (or what) it represents
The Development Committee holds an emergency meeting
and it is established that permission was never granted—
or sought—to erect any kind of statue

It would cost too much to dismantle it
where should it go?
Sydney, Australia, embraced an unwanted statue of Victoria
but that was then. This is now.
It would be wrong to blow it up
'We're not the IRA' declares the Chairman
(to faint applause)
'We could bury it,' he suggests
'But it might be exhumed as was a statue of Victoria
in University College Cork.'
'Have they no shame?' asks Lefty.
'What did you say!?' says Mrs de Lacy-Moran.

He proposes to do nothing
the motion is passed: 12 yeas 2 nays

When out walking the dog
or driving through town
members of the Committee
pretend it doesn't exist

It has been put out of their minds

Sometimes a stranger might ask:
'Who's your man, Finn Mc Cool is it? The statue?'
'What statue?' is the standard reply.

Dealbh

Tá dealbh nua i lár Bhaile na nGabhar
níl a fhios ag éinne cé (nó cad) atá ann
Ag cruinniú éigeandála de Choiste Forbartha an Bhaile
dearbhaítear nach bhfuarthas cead—
nár lorgaíodh cead—chun dealbh ar bith a chur ann

Chosnódh sé an iomarca airgid chun an dealbh a bhaint anuas
cá gcuirfí é?
ghlac Sydney na hAstráile le dealbh de Victoria
nach raibh ag teastáil; b'in scéal eile.

Ní bheadh sé ceart é a scriosadh
'Ní sinne an tIRA' arsa an Cathaoirleach
(bualadh bos lag)
'D'fhéadfaí í a chur,' ar sé,
'ach cá bhfios ná go nochtfadh sí arís—
dála Victoria i gColáiste na hOllscoile, Corcaigh.'
'Nach bhfuil aon náire orthu?' arsa Leiftí.
'Cad dúirt tú?' arsa Bean de Lása-Uí Mhóráin.
Moltar gan faic a dhéanamh
12 in aghaidh, 2 ar son an rúin

Nuair a bhíonn siad amuigh ag siúl leis an ngadhar
nó ag tiomáint thar bráid
ligeann baill an Choiste orthu féin
nach bhfuil dealbh ar bith ann

Tá sé curtha glan as a n-intinn acu

Uaireanta fiafraíonn strainséirí
'Cé hé mo dhuine, Fionn Mac Cumhaill, ab ea,
mo dhuine úd sa dealbh?'
'Cén dealbh?' an freagra.

Mockery

The Development Committee has received a letter all the way from India:
a request for town twinning
with a place called Magadh*. Honest to God!
Needless to say, the letter goes unanswered.

The Committee gets about twenty such prank letters
on a yearly basis

Rumour has it that the Chairman himself
writes half of them

*Shrikant Verma wrote an illustrious sequence of poems in Hindi about a place called Magadh.
In Irish of course, 'magadh' means 'mockery'.

Mugadh Magadh

Faigheann Coiste Forbartha an Bhaile litir an bealach ar fad ón Ind:
iarratas ar nasc:
Ainm na háite san Ind: Magadh*. Dáiríre!
Ní fhreagrófar an litir ar ndóigh

Faigheann an Coiste tuairim is scór litir mhagaidh
den sórt sin in aghaidh na bliana

Más fíor do na ráflaí
is é an Cathaoirleach féin a scríobhann a leath acu

*Tá áit ann darb ainm Magadh agus é luaite i sraith de dhánta cáiliúla de chuid an
fhile Indiaigh Shrikant Verma

Overcrowded Graveyard

The local rag announces that Glengower Graveyard is full.
The Development Committee gets together
all agree it's an emergency

'What about the Protestant Cemetery?' says Lefty
'Sure there's no one usin' it any more—
room for hundreds in it!'

Lefty's motions are seldom carried
nor is this one

'Ye can bury me with the Prods,' says Lefty
'I don't give a flyin' fiddler's fuck!

'Watch your language! Please!'
admonishes Mrs de Lacy-Moran

'Watch your hyphens! says Lefty back at her.

> *Tea break.*
> *After the break:*

'This is a matter for the County Council!
We're recommending,' says the Chairman
'that people refrain from kicking the bucket
until this crisis has been resolved.'
Motion carried unanimously.

Reilig Lán

Fógraíonn an nuachtán áitiúil go bhfuil Reilig Bhaile na nGabhar lán
Tagann Coiste Forbartha an Bhaile le chéile
Aontaíonn gach éinne gur éigeandáil atá ann

'Cad faoin Reilig Phrotastúnach?' arsa Leiftí
'Níl éinne á húsáid níos mó—
Slí inti do chúpla céad eile ar a laghad!'

Is annamh a ghlactar le moltaí Leiftí
ní ghlactar leis an moladh seo ach oiread.

'Cuirigí leis na Protastúnaigh mé,' arsa Leiftí,
'is cuma liom sa phoc.'

'Seachain do theanga! Led' thoil!'
arsa Bean de Lása-Uí Mhóráin

'Seachain do chuid fleiscíní tusa!' arsa Leiftí ar ais léi.

      Sos tae.
             I ndiaidh an tsosa:

'Gnó é seo don Chomhairle Contae!
Táimid ag moladh do dhaoine
gan bás a fháil,' arsa an Cathaoirleach
'go dtí go réiteofar an ghéarchéim seo'.
Glactar leis an rún d'aon ghuth.

Vandalism

The bilingual sign standing so lonely
by itself as you approach Glengower
has been vandalized.
The English—Glengower—destroyed
all that's left is Gleann na nGabhar.
People trying to reach Glengower
don't know the hell where they are
shops and pubs still standing
empty church, the graveyard that's full,
the statue . . . yes, but
can one be perfectly sure?

The Development Committee convenes
all dragging their feet
the question isn't even brought up
after all, who would perpetrate such an act?
the town boasts only one language fanatic—
the Chairman—and after a full hour
with nothing of any consequence spoken
the meeting is adjourned.

Loitiméireacht

Deineadh loitiméireacht ar an bhfógra dhátheangach
a sheasann go huaigneach leis féin
agus tú ag teacht isteach i nGleann na nGabhar
Tá an Béarla—*Glengower*—scriosta
agus níl fágtha ach Gleann na nGabhar.
Daoine atá ag iarraidh Glengower a bhaint amach
tá mearbhall ceart anois orthu
níl a fhios acu ó thalamh an domhain cá bhfuilid
féachann an áit ar nós Glengower
tá na siopaí is na pubanna céanna ann
an séipéal folamh is an reilig lán
an dealbh . . . ach
an féidir a bheith lánchinnte?

Tagann Coiste Forbartha an Bhaile le chéile
agus iad ar fad ag tarraingt na gcos
ní ardaítear an cheist in aon chor
tar éis an tsaoil, cé a dhéanfadh a leithéid?
níl ach fanaiceach teanga amháin ar an mbaile—
an Cathaoirleach—agus tar éis uair an chloig
gan mórán in aon chor a rá
cuirtear an cruinniú ar atráth.

53

Trump

The Chairman of the Development Committee proposes
that an invitation be issued
to President Trump
'After all,' says the Chairman,
'wasn't his mother a native speaker.'
Lefty, as he is known to all, vehemently opposes.
'Scottish Gaelic is not at all like our own,' he thunders,
'we have enough difficulties as it is with Irish!'

Everyone agrees with his sentiments
(except the Chairman)
'True for you, Lefty!' they sing in unison
their first time ever to sanction anything
that comes out of his mouth.

'And anyways,' says Lefty,
'imagine he's invited over: next thing you know
he gets assassinated—here in Glengower.'

The colour drains from Mrs de Lacy-Moran's cheeks.

On his way home, Lefty buys a little box of chocolates for his beloved wife.

Trump

Molann Cathaoirleach Choiste Forbartha an Bhaile
go dtabharfaí cuireadh don Uachtarán Trump
cuairt a thabhairt ar an mbaile
'Tar éis an tsaoil,' arsa an Cathaoirleach,
'nár chainteoir dúchais Gaeilge a bhí ina mháthair'.
Cuireann Leiftí, mar a thugtar air, go tréan ina choinne.
'Ní hionann Gaeilge na hAlban
agus Gaeilge na hÉireann,' ar sé de ghlór ard,
'Tá deacrachtaí ár ndóthain againn,' ar seisean,
'le Gaeilge na hÉireann!'
Aontaíonn an chuid eile leis sin
(seachas an Cathaoirleach).
'Is fíor dhuit, a Leiftí!' ar siad de liú
ba é an chéad uair riamh dóibh aontú le rud ar bith
a tháinig amach as béal Leiftí.

'Ar aon chuma,' arsa Leiftí,
'samhlaigh cuireadh a thabhairt dó
is go bhfeallmharófaí ansin é—anseo i nGleann na nGabhar.'

Tagann dath geal ar Bhean de Lása-Uí Mhóráin.

Ar a bhealach abhaile dó,
ceannaíonn Leiftí bosca beag seacláidí dá bhean chéile dhil.

Black Dog

A black dog passed on its way
through Glengower last night
people are not quite sure
if it was a dog or ...
all that was seen was its shadow
was it something from the past
or the future, perhaps?
Or M. Thierry Gillet?
The police are looking into it
Marcus O'Sullivan, the veterinarian,
examined some poo found on the footpath
but was not prepared to say much about it
the local rag had a field day
VET TIGHT-LIPPED

It's believed he has sent a sample
to Trinity College in Dublin

Gadhar Dubh

Ghabh gadhar dubh
trí Ghleann na nGabhar aréir
níltear ar aon fhocal
an gadhar a bhí ann nó ...
ní fhacthas ach a scáil
an rud éigin ón am atá thart
a bhí ann nó ón am atá le teacht?
Nó M. Thierry Gillet?
Tá na Gardaí ag fiosrú an scéil
Scrúdaigh an tréidlia, Marcas Ó Súilleabháin
píosa caca a fuarthas ar chosán
ach ní raibh sé sásta mórán a rá ina thaobh
Bhí an-lá ag an bpáipéar áitiúil
A BHÉAL IATA AG AN TRÉIDLIA

Creidtear go bhfuil sampla curtha aige
chuig Coláiste na Tríonóide i mBaile Átha Cliath

Whistle Blower

'I'm not lookin' at anyone,'
says the Chairman.
'You are! It's me you're lookin' at!
says Lefty.
'It's not. I'm lookin' at no one
But . . . it appears we have a whistle blower!'
Silence. Hum from a mobile phone.
Water slowly pouring into a glass.
A fly buzzes.
'Open the window!' says the Chairman,
'there's a foul smell in here.'
A window creaks open.
'Our Press Officer, Mr Ciaran O'Shea
and he alone
is authorized to talk to the press,'
Mrs de Lacy-Moran nods her head in agreement
the others follow her example.
'I'm not lookin' at anyone . . .'
'You're not . . .' says Lefty.
The local rag descends mercilessly on the buzzing fly.

Sceithire

'Nílimse ag féachaint ar éinne!'
arsa an Cathaoirleach.
'Tá tú! Ag féachaint ormsa atá tú!'
arsa Leiftí.
'Níl! Nílimse ag féachaint ar éinne
Ach . . . is cosúil go bhfuil sceithire inár measc!'
Tost. Fón póca ag crónán.
Uisce á dhoirteadh go mall i ngloine.
Crónán cuileoige.
'Oscail an fhuinneog!' arsa an Cathaoirleach
'Tá drochbholadh san áit seo.'
Fuinneog á hoscailt.
'An Preas-Oifigeach Ciarán Ó Sé
agus eisean amháin
a labhróidh leis an bpreas'.
Cromann Bean de Lása-Uí Mhóráin a ceann
ag aontú leis an méid sin.
Leanann an chuid eile an dea-shampla.
'Nílimse ag féachaint ar éinne …'
'Níl níl!' arsa Leiftí.
Cuileog á bascadh le cóip den nuachtán áitiúil.

Trinity College

Coughing. The Chairman clears his throat.
'Need a glass of water?' asks Lefty.
'A drop of the hard stuff more likely:
I'm obliged to inform you
the results have come back from Trinity . . .'
A hush descends.
'The sample of dog poo which was forwarded to them—
was human faeces!'
Commotion.
Uproar.
The house in disarray.
'Silence!'
A voice: 'Do we know who did it?'
'We do not,' the Chairman responds, gravely. And then:
'One of you lot—wouldn't surprise me!'
The house in disarray.
Uproar.
Commotion.
'Silence!'
Silence.
'We won't be entering the Tidy Town Competition so?'
says Lefty, a question that's left unanswered.
Mrs de Lacy-Moran fumbles in her bag for smelling salts

Coláiste na Tríonóide

Casacht. A scornach á glanadh ag an gCathaoirleach.
'An bhfuil gloine uisce uait?' arsa Leiftí.
'Braoinín den stuif crua a theastódh:
Tá orm a chur in iúl daoibh gur tháinig toradh ar ais
ó Choláiste na Tríonóide . . .'
Ciúnas.
'An sampla beag de chac gadhair a chuireamar chucu . . .
cac duine a bhí ann!'
Hurlamaboc.
Rírá.
Ruaille buaille.
'Ciúnas!'
Guth éigin: 'An bhfuil a fhios againn cé a dhein é?'
'Níl fhios,' arsa an Cathaoirleach, go duairc. Is ansin:
'Duine agaibhse cuirfidh mé geall!'
Ruaille buaille.
Rírá.
Hurlamaboc.
'Ciúnas!'
Ciúnas.
'Ní bheimid ag cur isteach ar na Bailte Slachtmhara mar sin?'
arsa Leiftí: ceist nach bhfreagraítear.
Bean de Lása-Uí Mhóráin ag útamáil ar lorg a cuid cumharshalainn.

The Poet

'It's 350 years since the death of the poet
*Seán Bán an Ghleanna!'
The Chairman imparts this information
to an indifferent Development Committee
Ciaran O'Shea (having been previously informed)
looks knowledgeable on the subject
others are taken off guard

'Never heard of him!' says Lefty.'
'What did he write?'
'Poems!' comes the retort from the Chair.

'We have a great opportunity this year,' says the Chair
with a glint in his eye rarely seen,
'A great opportunity indeed to honour our very own poet!'
'How?' enquires someone.
'A statue!' says the Chair.
'A statue, is it,' says Lefty. 'Are you out of your— ?'
'Silence!'
Silence reigns briefly.
Notes being taken
(or semblance of same).
Someone: 'What's this statue goin' to cost?'
'It will be put out on tender, of course,'
the Chair assures her.
'All those in favour?'
Hands are raised.
'Against?'
'Hang on there a while!'
'Yes, Lefty?'

An File

'Tá 350 bliain ann ó cailleadh an file
*Seán Bán an Ghleanna!'
Tugann an Cathaoirleach an méid sin le fios
do Choiste Forbartha ar nós cuma liom an Bhaile.
Gothaí eolacha ar Chiarán Ó Sé
(a fuair réamheolas ina thaobh)
Rugadh an chuid eile ar a neamh-aire

'Níor chuala mise trácht riamh air!' arsa Leiftí.
'Cad a scrígh sé?'
'Dánta!' arsa an Cathaoirleach.

'Tá deis iontach againn i mbliana,' arsa an Cathaoirleach,
faghairt ina shúil nach bhfacthas ach go hannamh,
'Deis iontach chun ár bhfile féin a chomóradh!'
'Conas?' arsa duine éigin.
'Dealbh!' arsa an Cathaoirleach.
'Dealbh?' arsa Leiftí. 'An bhfuil tú as do – ?'
'Ciúnas!'
Ciúnas ar feadh tamaill.
Nótaí á mbreacadh ag daoine
(nó ag ligean orthu go raibh).
Guth éigin: 'Cad a chosnódh an dealbh seo?'
'Chuirfí amach ar tairiscint é, ar ndóigh'
a dhearbhaíonn an Cathaoirleach.
'Iad siúd ar a shon?'
Lámha á n-ardú.
'Ina choinne?'
'Neomat beag amháin!'
'Sea, a Leiftí?'

(A sigh from the Chair that everyone recognises by now)
'What about the existing statue?'
'What about it?'
'Stick a plaque under it with the name of the poet,
Seán What's His Name . . .'
'Seán Bán an Ghleanna!'
'Your man, that fella, yeah!'
'Good idea,' says the Chair.
'You could ask your friend Gillet to do it.'
'He won't do it for nothin', says Lefty.
'Are you his agent?' asks Mrs de Lacy-Moran.
A voice: 'I'm told he's not a sculptor at all—
He's not even French, a Belfastman on the run.
Thierry Gillet, that's the name of a famous jockey.'
The eyes of the Chairman begin to bulge.
'OK. All those in favour?
That is to say, that Thierry—
If such be his name—be asked to do the plaque?
Carried unanimously so?'
'Hang on a tick!' says Lefty,
'We still don't know what kind of poet he was!'
'Well, he wasn't a Marxist-Leninist,'
says The Chair.
'Mr Chairman?'
'Mrs de Lacy-Moran?'
'Has he been translated into English?
I'd like to be able to read him.'
'But of course! I'll look into it.'

All that survives of his work is a very badly damaged manuscript in the Bodleian Library, Oxford, in which only two lines can be deciphered: 'Breacann an mhaidin sliabh/ ar shliabh' which can be translated as 'morning breaks, mountain by mountain', uncannily echoed in Michael Davitt's GLEANN AR GHLEANN (1998) via Bob Dylan's BLOND ON BLOND (1966).

(Osna ón gCathaoir, osna a bhfuil seantaithí ag na baill go léir uirthi)
'Cad faoin dealbh atá againn cheana féin?'
'Sea, cad mar gheall uirthi?'
Éiríonn Leiftí ina sheasamh:
'Plaic faoin dealbh sin agus ainm an fhile uirthi,
Seán Cad Is Ainm Dó . . . ?'
'Seán Bán an Ghleanna!'
'É siúd, sea.'
'Smaoineamh maith!' arsa an Cathaoirleach.
'D'fhéadfá iarraidh ar do chara Gillet é a dhéanamh.'
'Ní dhéanfadh gan chúiteamh!'
'Tusa an gníomhaire aige, ab ea?'
a fhiafraíonn Bean de Lása-Uí Mhóráin de.
Guth: 'Chuala mise á rá nach dealbhóir in aon chor é—
Nach Francach é fiú amháin, ach Béal Feirsteach, ar a theitheadh.
Ainm ar jacaí clúiteach is ea Thierry Gillet.'
Atann súile an Chathaoirligh.
'Iad siúd atá ar a shon? Sé sin, go n-iarrfaí ar Thierry—
más é sin atá air—an phlaic seo a dhéanamh?
Móramh ar a shon.'
'Fan, fan!' arsa Leiftí,
'Níl a fhios againn fós cén saghas file ab ea é!'
'Bhuel, ní Marxach-Leiníneach a bhí ann,'
arsa an Cathaoirleach.
'A Chathaoirligh!'
'Sea, a Bhean de Lása-Uí Mhóráin?'
'Ar aistríodh go Béarla é?
Ba mhaith liom a bheith in ann é a léamh.'
'Gan amhras! Féachfaidh mé isteach sa scéal . . .'

*Níl fágtha dá shaothar, faraor, ach lámhscríbhinn loite sa Bodleian Library, Oxford, agus gan ach dhá líne atá inléite: 'Breacann an mhaidin sliabh/ ar shliabh'. Cloisimid macalla na línte sin sa leabhar *Gleann ar Ghleann* (1998) de chuid Davitt via *Blond on Blond* de chuid Dylan (1966).

Seagull Attacks

The good citizens of Glengower are perturbed
not without cause
having lately come under attack by seagulls:
sandwiches robbed
pies left on windowsills to cool—
totally destroyed
(if the local rag can be believed)
rubbish bins ransacked

The Development Committee has been exercised
by these events: 'I've a cousin in a Rifle Club,'
declares the Chairman.
Voice: 'The gun is no solution; after all
Ireland is a neutral country.'
'Excuse me, Mr Chairman . . .'
'Yes, Lefty?'
'This problem with the seagulls,
it's not an ornithological one, so to speak
but something to do with overproduction
and the capitalist system generally!'

Mrs de Lacy-Moran takes a fit of the vapours.

Ionsaí na bhFaoileán

Tá saoránaigh Ghleann na nGabhar ag éirí an-suaite
agus cúis mhaith acu
le tamall anuas tá faoileáin á n-ionsaí
ceapairí á ngoid acu—
pióga úll a fhágtar ar leac fuinneoige
is iad á bhfuarú—millte ar fad
(más fíor don pháipéar áitiúil)
boscaí bruscair á ransú acu

Tá an Coiste Forbartha curtha amach mar gheall ar na heachtraí seo:
'Tá col ceathrair liomsa ina bhall
de Chlub Raidhfilí,' a d'fhógair an Cathaoirleach.
Guth: 'Ní haon réiteach é an gunna; tar éis an tsaoil,
tír neodrach í Éire.'
'Gabh mo leithscéal, a Chathaoirligh . . .'
'Sea, a Leiftí?'
'Fadhb seo na bhfaoileán, ní fadhb éaneolaíochta í seo
mar a déarfá, ach fadhb a bhaineann le rótháirgeadh
agus leis an tsochaí chaipitlíoch trí chéile . . .'
Tagann lagar ar Bhean de Lása-Uí Mhóráin.

Unveiling of the Statue

The President is unable to attend
but his aide de camp makes an appearance
children delight in his golden buttons
his sword, the shine on his shoes.
The Chairman speaks only in Irish
which has Mrs de Lacy-Moran in a tizzy.
'We must be inclusive!
Over and above everything else—inclusive!'
Were her Irish half as good as her inclusiveness
she would have noticed
that the plaque proclaimed not Seán Bán, the Fair-Haired,
but Seán BAN, Womanizer.
Stories begin to do the rounds
A greater Casanova has not been known in Ireland
since the legendary Diarmaid na mBan!
His verses (or somebody's verses) are recited:
rhymes which would put the hair standing
on the head of Mrs de Lacy-Moran

Over the years, music is put to the poems
 songs that will be sung
as long as the statue of their maker, Seán Ban,
stands in our own sweet Glengower.

Nochtadh na Deilbhe

Níl an tUachtarán in ann teacht
ach tá a aide de camp tagtha ina áit
baineann páistí an bhaile aoibhneas as a chuid cnaipí órga
a chlaíomh, a bhróga chomh snasta is atá.
Gaeilge amháin a labhrann an Cathaoirleach
rud a chuireann isteach go mór ar Bhean de Lása-Uí Mhóráin.
'Ní mór dúinn a bheith uileghabhálach!' ar sí,
'thar aon rud eile—uileghabhálach!'

Dá mbeadh a cuid Gaeilge chomh maith lena huileghabhálacht
bheadh tugtha faoi deara aici
nach Seán Bán ach Seán *Ban* atá greanta ar an bplaic
Ba ghearr gur scaipeadh scéalta mar gheall air
nach raibh banaí ba mhó in Éirinn ná é
ó aimsir Dhiarmaid na mBan!
Véarsaí leis á n-aithris
véarsaí a chuirfeadh an ghruaig ina colgsheasamh
ar Bhean de Lása-Uí Mhóráin.

I gceann na haimsire, cuireadh ceol le cuid de na dánta
agus beidh na hamhráin sin á rá
fad is atá dealbh a gcumadóra, Seán Ban,
ina seasamh mar mhaise ar an mbaile seo againne.

Memories of the Goddess Kali

A certain greyness
has assaulted Glengower
walls
greyer than ever
pubs
shops
the church that's empty
the graveyard that's full

'Do ye remember,' says the Chairman
'do ye remember the procession we used to have
on May Day?'
Are his eyes misting over? Lefty wonders.
'Schoolgirls scattering petals
a brass band
all of us singing:
Oh Mary we crown thee
with blossoms today
Queen of the Angels
and Queen of the May . . .
the statue of the Virgin Mary
carried from . . .
'Excuse me,' says Mrs de Lacy-Moran
'we must be inclusive.'

You'd think the Chairman had been flattened by a bus:
that word again,
a word that keeps him awake at night
a word that urinates
on all his dreams!

Cuimhní ar an mBandia Cailí

Tá léithe éigin
tar éis Gleann na nGabhar a bhualadh
cuma níos léithe ná riamh
ar na fallaí
 tábhairní
siopaí
an séipéal folamh
is an reilig lán

'An cuimhin libh,' arsa an Cathaoirleach
'an cuimhin libh an mórshiúl a bhíodh againn
Lá Bealtaine?'
Níl deora leis, an bhfuil? arsa Leiftí leis féin.

'Peitil á scaipeadh
ag cailíní scoile
banna práis
gach éinne againn ag canadh
Oh Mary we crown thee
with blossoms today
Queen of the Angels
and Queen of the May . . .
dealbh na Maighdine
á hiompar ón . . .'
'Gabh mo leithscéal,' arsa Bean de Lása-Uí Mhóráin,
'caithfimid a bheith uileghabhálach.'
Ba dhóigh leat gur leagtha ag bus a bhí an Cathaoirleach:
an focal sin arís,
focal atá ag teacht idir é
agus codladh na hoíche
focal atá mar mhún
ar a chuid aislingí go léir!

He sits; then stands up again
he's not defeated yet
the wind in his sails again:

'Tis no shame to follow a statue!
They follow statues in places like . . . India!'
'Your friends in Magadh told you that, did they?'
says Lefty, always ready with a jab.

'I had a grand-uncle in the Army,'
says Mrs de Lacy-Moran,
'with the Bengal Lancers.
Brought home this statue
some goddess or other
ugly as a witch
face as black as coal
her long tongue sticking out.'
The Chairman's eyes begin to bulge.
'She had to be destroyed of course
the servants wouldn't stay under the same roof.
I was present
a mere child at the time
Daddy took the statue out of the house
and placed it on the lawn
a few blows with the sledge-hammer
and he made smithereens of her
that awful tongue of hers in the grass
like a red leaf in autumn.

Suíonn sé; seasann arís
níl sé cloíte fós
an ghaoth ar ais ina chuid seolta:

'Ní náir d'éinne é dealbh a leanúint!
Tá dealbha á leanúint acu i dtíortha
ar nós . . . na hIndia!'
'Do chairde in Magadh a d'inis an méid sin duit, ab ea?'
arsa Leiftí, é réidh chun sáite i gcónaí.

'Bhí seanuncail liomsa san Arm,'
arsa Bean de Lása-Uí Mhóráin
'leis na Bengal Lancers a bhí sé.
Thug sé dealbh leis abhaile
bandia éigin
chomh gránna le fia-chailleach
a haghaidh chomh dubh le gual
a teanga fhada amuigh aici.'
Atann súile an Chathaoirligh.
'B'éigean do m'athair í a scriosadh
ní fhanfadh na searbhóntaí in aon tíos léi.
Bhíos-sa i láthair
gan ionam ach páiste ag an am
thug Daidí an dealbh amach
is leag ar an bhfaiche í
cúpla buile d'ord ansin
agus bhí sí ina smidiríní aige
an teanga uafar sin aici sa bhféar
mar dhuilleog dhearg sa bhfómhar.'

Independence

'There's a letter here from the County Council . . .'
Says the Chairman
Who is immediately interrupted:
'Never mind that!' says Lefty,
'It's time we cut ourselves off—
Independence, independence and more independence!'
'What are you saying?' says Mrs de Lacy-Moran.
'Let us declare independence!
Independent of the County Council!
Independent of Dublin!
Independent of —'
'Has this man been drinking?'
Mrs de Lacy-Moran's question is not addressed to anyone—no one answers it.
'I was!' says Lefty, 'from the Well of Freedom!
And when Glengower becomes an independent state
We'll announce the end of the state and all borders.
Let's be responsible only to ourselves.'
A voice: 'Sounds like anarchism!'
'I have a letter here from the County Council . . .'
The Chairman waves it in the air like a flag.
'Wipe your rear end with it!' says Lefty.

Neamhspleáchas

'Tá litir anseo ón gComhairle Contae . . .'
arsa an Cathaoirleach
Cuireadh isteach air láithreach:
'Ná bac leis sin anois!' arsa Leiftí,
'Tá sé in am a bheith glan orthu—
Neamhspleáchas, neamhspleáchas agus tuilleadh neamhspleáchais!'
'Cad atá á rá agat?' arsa Bean de Lása-Uí Mhóráin.
'Fógraímis ár neamhspleáchas!
Neamhspleách ar an gComhairle Contae!
Neamhspleách ar Bhleá Cliath!
Neamhspleách ar—'
'An raibh an fear seo ag ól?' arsa Bean de Lása-Uí Mhóráin.
Níl an cheist dírithe ar éinne ar leith—ní fhreagraíonn éinne ar leith.
'Bhíos!' arsa Leiftí, 'as Tobar na Saoirse!
Agus nuair a bheidh Gleann na nGabhar ina stát neamhspleách
Fógraímis deireadh leis an stát agus le teorainneacha.
Bímis freagrach dúinn féin amháin!'
Guth: 'Ainrialachas de réir dealraimh!'
'Tá litir anseo ón gComhairle Contae . . .'
arsa an Cathaoirleach, an litir á croitheadh mar bhratach aige.
'Cuimil le do bhundún í!' arsa Leiftí.

Glengower Tavern

Only two patrons this evening
Lefty and the magic sculptor, M. Gillet.
'What's up, Thierry?'
'Nothing much, Lefty . . . Oh yes, I died today.'
'Are you serious?'
'Perfectly serious. But I came back.'
'Glad to hear it'. Lefty orders two small ones.
'Well . . . did you see Heaven—or the place below—when you passed over?'
'I did. Saw 'em both.
Not much difference that I could see.'
'How is that?'
'MON DIEU! Don't ask me. I'm no theologian. It seemed
That the crowd in Hell all had their eyes closed,
The other crowd had them open.'
'Were you sick, Thierry before . . . you croaked it?'
'I was.'
'What was it?'
'Lack of crows. Some bird of prey
Must have scattered them to the winds, Lefty.
I don't wake up properly in the morning without them.'
'Is that the way?'
'More essential first thing in the morning
Than black coffee and a Gauloise.'
'The fags will kill you . . . again. Working on any new project?'
'OUI, Lefty! Seven crows in a fog—a work in marble—All with seven heads
Wherever you stand in the gallery
One of them will be looking at you.'
'Marble is expensive,' says Lefty.
'It is . . . I dropped into Purgatory on the way back.'

Tábhairne Ghleann na nGabhar

Níl anocht ann ach beirt
Leiftí agus an dealbhóir dubhealaíne, M. Gillet.
'Aon scéal, a Thierry?'
'Faic, a Leiftí, seachas go bhfuaireas bás inniu.'
'Dáiríre?'
'Dáiríre píre. Ach thána slán as.'
'Is maith sin.' Ordaíonn Leiftí dhá leathghloine.
'Bhuel, an bhfeacaís Neamh—nó an áit thíos—nuair a chuais sall?'
'Chonac ambaist, chonac araon iad.
Níl puinn difríochta eatarthu.'
'Conas san?'
'Mon Dieu! Ná fiafraigh díomsa, ní diagaire mé.
B'fhacthas dom go raibh lucht Ifrinn go léir
Is na súile dúnta acu,
Na súile ar oscailt ag lucht Neimhe.
'An rabhais tinn, Thierry, sular cailleadh thú?'
'Bhíos.'
'Cad a bhí ort?'
'Easpa préachán. Ní foláir nó tá éan seilge éigin
tar éis an ruaig a chur orthu, a Leiftí.
Ní dhúisím i gceart ar maidin dá gceal.'
'An mar sin é?'
'Is tábhachtaí liom iad an chéad rud ar maidin
Ná caife dubh is Gauloise.'
'Maróidh na toitíní thú . . . arís!
An bhfuilir ag obair ar aon togra nua faoi láthair?'
'Táim, a Leftí. Seacht bpréachán sa cheo—saothar marmair—
Seacht gcloigeann orthu go léir
Is cuma cá seasfá sa ghailearaí

'O! How was that?'
'Full of Protestants and West-Brits—QUELS IMBÉCILES—all listening to the BBC'
'Thierry?
'Oui?'
'Are you really a Frenchman?'
'Lefty, what can I say? MORT AUX BOURGEOIS—
VIVE L'ANARCHIE!' *

* These words are not conclusive proof that Thierry was, in fact, a Frenchman as they are taken from a short
story 'The Anarchist' by Joseph Conrad.

Beidh ceann éigin acu ag féachaint ort.'
'Is daor an t-earra é an marmar,' arsa Leiftí.
'Daor . . . Stopas sa Phurgadóir ar mo shlí ar ais anseo.'
'Ó! Conas a bhí sé sin?'
'Lán de Phrotastúin is Iar-Bhriotanaigh—*quels imbéciles*—iad go léir
ag éisteacht leis an mBBC'.
'Thierry?
'*Oui?*'
'An Francach thú dáiríre?'
'Lefty, cad is féidir a rá? *Mort aux bourgeois—
Vive l'anarchie!*' *

* Ní chruthaíonn na focail sin gur Francach ab ea Thierry mar gur tógadh as gearrscéal 'An tAinrialaí' de chuid Joseph Conrad iad.

Another night on the piss

'Will you have another?' says Lefty.
'I won't,' says Thierry. 'I've the gout you know.'
Lefty didn't know.
'Gout?! Really?
'Yes.
'Never met anyone who had the gout.'
'John Anster had it.'
'Who?'
'John Anster. A Jacobite.'
'Never heard of him!
'He translated Goethe's FAUST.
You've heard of Goethe?'
'Gout? Of course I've heard of gout!'*

*Loses a lot in translation!

Oíche eile ar an drabhlás

'An ólfá ceann eile?' arsa Leiftí.
'Ní, ólfad,' arsa Thierry. 'Tá gúta orm, tá's agat.'
Ní raibh a fhios sin ag Leiftí.
'Gúta?! An bhfuil?'
'Tá.'
'Níor bhuaileas riamh le héinne a raibh gúta air'.
'Bhí sé ar John Anster*.'
'Cé?'
'John Anster. Seacaibíteach.'
'Níor chuala riamh trácht air!'
'D'aistrigh sé *Faust* de chuid Goethe.
Chuala tú trácht ar Goethe?'
'Gúta? Chuala gan dabht!'

*(1793 -1867)

PART THREE

Krishnamurphy

Krishnamurphy Smashes His Ego

Krishnamurphy tweeted his disciples:
I have smashed it!
Smithereens, my beloved ones!
Nothing left!

The press got wind of it
And beat a path to his door.

Is it true, Krishnamurphy?
You have completely smashed the ego?

Krishnamurphy looked at them with disdain:
Have you no respect?!
Call me Sri Sri Krishnamurphy-ji!
Yes, yes, yes: I have smashed it!
His chest swelling with pride.

A Ego Basctha ag Krishnamurphy

Tvuíteáil Krishnamurphy a chuid deisceabal:
Tá sé basctha agam!
Smidiriríní, a chairde ionúine!
Faic fágtha!

Fuair na meáin gaoth an fhocail
Is dhein cosán dearg go dtí a dhoras.

An fíor, a Krishnamurphy?
Tá d'ego basctha go hiomlán agat, an bhfuil?

D'fhéach Krishnamurphy orthu go nimhneach:
Nach bhfuil meas ar bith agaibh orm?!
Tugaigí Sri Sri Krishnamurphy-ji orm!
Sea, sea, sea: tá sé basctha agam!
Is d'at a ucht le bród.

Krishnamurphy and Ashtavakra

Name one enlightened person
(apart from yourself)
the disciples ask, pleadingly.
Ashtavakra! says Krishnamurphy,
without thinking

How do we become like Ashtavakra?
The question on everyone's lips

Krishnamurphy is filled with compassion.
To be like him, he says,
you must be crooked—
as crooked as a ram's horn!

Crooked?
The disciples are aghast

You come here with your perfect bodies
and expect to be enlightened?
To be like Ashtavakra you must be
crookeder than a corkscrew!

Krishnamurphy agus Ashtavakra

Ainmnigh duine amháin
(seachas tú féin)
a fuair léargas ar an Solas
arsa na deisceabail, go himpíoch.
Ashtavakra, arsa Krishnamurphy, gan smaoineamh

Conas is féidir a bheith ar nós Ashtavakra
an cheist atá acu go léir

Líontar Krishnamurphy le hatrua.
Le bheith cosúil leis siúd, ar sé,
ní mór daoibh a bheith cam—
chomh cam le hadharc reithe!

Cam?
Baineadh siar go mór as na deisceabail

Tagann sibh anseo le bhur gcolainn fhoirfe
agus sibh ag súil leis an Solas?
Le bheith ar nós Ashtavakra
ní mór daoibh a bheith níos caime ná an corcscriú féin!

Aliens

Master,
Ar there aliens among us?

Yes, you may have voted for one
In the last general election.

Eachtráin

A Mháistir,
An bhfuil eachtráin inár measc?

Tá, seans gur vótáil tú ar son eachtráin
San olltoghchán deireanach.

Krishnamurphy goes on the batter

That's your eighth pint of India Pale Ale
Exclaims a disciple.
Aren't you afraid you're going to have a head
in the morning?

A head, is it? A head?
Is this what I have been teaching you?
It has nothing at all to do with the head!
Nothing whatsoever!
Stop thinking of the head!
Forget the head.
F*** the head!

Krishnamurphy ar an ragairne

Sin é an t-ochtú pionta IPA ólta agat!
A fhógraíonn deisceabal.
Nach bhfuil eagla ort go mbeadh cloigeann ort
maidin amárach?

Cloigeann, ab ea? Cloigeann?
An é sin atá á theagasc agam?
Níl aon bhaint ag an gcloigeann leis seo.
Baint dá laghad!
Ná bí ag smaoineamh ar an gcloigeann!
Déan dearmad ar an gcloigeann.
F ** AN CLOIGEANN!

Lost and Found

U.G. Krishnamurti said:
'Don't follow me. I'm lost . . .'
Are you lost as well? asks a disciple.

Krishnamurphy replies:
The Irish for a LOST AND FOUND OFFICE
Is Oifig na nEarraí Caillte
Meaning: OFFICE OF LOST THINGS
Why do they not include 'Found'?

When you find the answer
Let me know
Because it's a complete mystery to me.

Ar Strae agus Aimsithe Arís

Dúirt U.G. Krishnamurti
'Ná lean mise. Táimse ar strae . . .'
An bhfuil tusa ar strae leis? arsa deisceabal.

Freagraíonn Krishnamurphy:
An Ghaeilge ar *Lost and Found Office*
Ná Oifig na nEarraí Caillte
Tuigeann tú an méid sin.
Cén fáth nach bhfuil 'Aimsithe' ann?

Nuair a bheidh an freagra ar eolas agat
Tar ar ais chugam
Mar ní thuigimse beag ná mór é.

Monkey Mind

'The mind has been compared to a monkey,
Has it not, Master?
Ever restless
Jumping from branch to branch . . .'

'Ooops! It nearly fell there!' says Krishnamurphy.
Laughter all round.

'I'm sorry! Your question?'

'How to still the monkey mind'.

'Not a valid question.
No monkeys in Ireland.
Next?'

Aigne an Mhoncaí

'Cuireadh an aigne i gcomparáid le moncaí,
Nár cuireadh, a Mháistir?
Guagach de shíor
Ag léim ó chraobh go craobh . . .'

'Hoips! Is beag nár thit sé ansin!'
Gáire ó gach éinne.

'Tá cathú orm! Do cheist?'

'Conas aigne an mhoncaí a cheansú.'

'Ceist neamhbhailí.
Níl aon mhoncaithe againn in Éirinn.
An chéad cheist eile?'

Tohi Mohi

Let's chant! says K. :
Tohi Mohi, Mohi Tohi
Antar Kaisa
You are me—I am You
What's the difference between us?
That's it, really!
What eile is there?
Everything else is . . .
Let's chant!
Tohi Mohi, Mohi Tohi
Antar Kaisa
Tohi Mohi, Mohi Tohi
Antar Kaisa
Tohi Mohi, Mohi Tohi
Antar Kaisa
Tohi Mohi, Mohi Tohi
Antar Kaisa
Tohi Mohi, Mohi Tohi
Antar Kaisa!

Tohi Mohi

Bímis ag cantaireacht! arsa K.:
Tohi Mohi, Mohi Tohi
Antar Kaisa
Tusa mise—mise Tusa
Cén difríocht atá eadrainn?
Sin é, dáiríre!
Cad eile atá ann?
Níl i ngach rud eile ach . . .
Bímis ag cantaireacht!
Tohi Mohi, Mohi Tohi
Antar Kaisa
Tohi Mohi, Mohi Tohi
Antar Kaisa
Tohi Mohi, Mohi Tohi
Antar Kaisa
Tohi Mohi, Mohi Tohi
Antar Kaisa
Tohi Mohi, Mohi Tohi
Antar Kaisa!

Lovers in a Garden

Lovers in a garden
Italianate
mass produced
rubbish really
much like the statuary in your churches

the owners divorced
after ten years
I wonder, says Krishnamurphy
might they have stayed together
had that sculpture been any better?

Leannáin i nGairdín

Leannáin i ngairdín
sa stíl Iodálach
olltáirgthe
cacamas dáiríre
ar nós na ndealbh in bhur gcuid eaglaisí

úinéirí na deilbhe fuaireadar colscaradh
tar éis deich mbliana

Sea, arsa Krishnamurphy
an mbeidís fós le chéile n'fheadar
dá mbeadh dealramh éigin leis an dealbh sin

Krishnamurphy in Hospital

The antibiotic drips slowly
Like reluctant rain on some distant planet

He hears a voice in the dim light

'Jeff?! Is that you Jeffrey?'
And then a nurse says—she's Filipino—
'This is not your room
Go back to your own room!'

'No! No! Jeff? Is the window alright?
Shall I close it for you?'

'It's fine . . .' says K.
But who is K?
Husband, lover, brother, son?

Krishnamurphy san Ospidéal

An t-antaibheathach ag sileadh go mall
Mar bháisteach dhrogallach ar phláinéad i gcéin.

Cloiseann sé guth sa chlapsholas

'Jeff?! An tusa atá ann, a Jeffrey?'
Is ansin deir banaltra—is Filipíneach í
'Ní i do sheomrasa atá tú anois—
Ar ais leat go dtí do sheomra féin!'

'Ní raghad! Jeff, an bhfuil an fhuinneog ceart go leor
Nó an ndúnfaidh mé duit i?'

'Tá sé ceart go leor,' arsa K.
Ach cé hé féin?
Fear céile, leannán, deartháir, mac?

Marijuana

Should the government legalise marijuana?

In an ideal world, says K.,
marijuana would be legal
and governments illegal.

Raithneach

An cóir don rialtas raithneach a dhéanamh dleathach?

Dá mbeadh an saol gan locht, arsa K.,
bheadh an raithneach dleathach
agus rialtais mídhleathach.

APPENDIX I

Poems Written in English

The Last Postman

The postman passes by on his bicycle
head stooped, wheezing
as though bearing the weight of the world:
bills, eviction notices, summonses
the desperate incoherent poetry of unrequited love
an emigrant's litany from distant shores.
Rainclouds are stealing in from the west as heavy as his load
of sympathy letters, junk mail
final warnings from the bank, the taxman, electricity company
tearful flyers from charities, young boys with flies around their
mouths and eyes
a personal note from the local representative: Dear Sir or Madam
scratch cards, all this he must bear
and the knowledge that the age of letters is drawing to a close.

And will he venture out some morning early, his satchel empty?
The last postman.

Have you heard the news?

Vishnu Khare* is going into the forest.
A leaf stirs above him, his mind is turning pale green
A waterfall sings absentmindedly
In a patch of blue sky his mind is lost again. And then
As he goes deep, deeper into the forest
(He has discussed this with his wife and family
And with various notables and nobodys
In Estonia, Latvia, Slovakia—
An anonymous Irish poet nodded his head
Not that anything or anybody could stop him now)
As he goes deep, deep into the forest, deep, deeper,
Beyond all howls, grunts, whispers and roars
To where not even lightning reaches
Vishnu Khare returns to the Self,
The long-awaited hour. Words disappear.
A green parrot passes on its way.
The tribals are singing, stars becoming dizzy
Some fall away: yet the heavens are intact.
He has gone into the forest.

*Contemporary Indian poet and film maker.

A Valley in Mexico

A valley in Mexico,
remote from reality.
The highlight of the year
is a horse race like none other.

No starting point, no finishing line.

Men ride around the village
at a leisurely pace.
Frantically? Never,
dreamily, sedately they go
round and round
all day long.
Women look up from their weaving
or not.

No winners, no losers.

Riders concentrate solely
on the gallop, the rhythm,
clip-clop of hooves,
occasional neigh, whinny, snort.

No conclusion.
The race fizzles out when the sun is swallowed
And stars spewed.

Long time ago.
Today they watch television. It's all in Spanish.

To a Brother Drowned

Cold the waters of Glendalough in June
divers searching for your body
luckless cormorants, shadowy currents

You give them no clue
waiting in silence
your eyes do not see the dawn

In the Glen of Two Lakes where Kevin prayed
you now perform unwilling austerities
night after wave-cursed night

What fishes gape
as your body turns sour
and changes hue

What last poems pound in your brain
bubbling up to the astonished air!

It may well have been that blackbirds sang that day
clouds scudded
linnets dashed for cover
on secret missions
a ladybird emerged from lungwort

We witnessed nothing
something in us forgot to surface
lingering dumbly
in umbrous, uncharted zones

(We were not of the O'Byrnes or the O'Donoghues
whom the banshee might have wailed . . .)

Decked out in your coffin
in the robes of the Children of Mary
an illustration from some exotic book—
a sacrifice to an unpronounceable god
who had long lost touch with his people.

Still Life with Dolmen

Something of that Victorian enthusiasm
for discovery and self-betterment
possesses the magpie
to skim a dolmen
then, changing its mind,
takes off, lands on a scrawny tree,
now looks elsewhere

restless
horizons shifting
the city sprawl already visible

hardly any nights any more
a persistent glow
barely a dawn
(less birdsong too)
soon he'll be king
of this desultory domain
or sole survivor

he flies
circling the dolmen twice
hoping for an invigorating breeze
to bear him south, or north,

nearby an old handball alley
long disused
pawed by ivy and lichen

there he'll go
and rattle on a while

echoes sound like company

or—in his black moods—
turmoil of battle

satisfied, he might then
research unmarked graves
of yeomen promised land for their services

back on his brittle branch
listlessly preening neck feathers

what? no breeze again today
to stir the midlands

Sheet Music for Bird Song

One by one they vacate the memory cells
move out—we know not where—
faces of the disappeared

Wraiths drifting home from a club
mist strolling a heath
shadows witnessed by crows
footsteps stalked by a one-eyed alley cat

Before leaving, unceremoniously,
this walking, wondering,
wishful world of men
to become tattered leaflets
notices in train stations, post offices,
strangers who enter our lives
because of their absence
touching us because they are of our time, our place

What is the sum total of the vanished?
Have they gone back to school
learning again how to say
'Good night, see you in the morning!'

Do they assemble
like fixed stars on frosty nights
disappearing over and over again?

A voice mumbles
'They are spread out all over the earth
and under the earth . . .'

A second voice:
'Dust, they are dust . . .'

A third declares
'They live and laugh and cry like us
tenacious, insubstantial as gossamer . . .'

First the names appear
and to that known record is added
more and more names
ribboning back in time
in more directions than I know
a parchment the colour of a wintry sky
before dawn's childish daubings

I gaze into that stippled void
look! it was there all along
sheet music for bird song.

Recurring Nightmare

The people's spirit cracked like dry bone.
In time they answered
to other names
in another language
computer-compatible
that fitted them like tight jeans

They quickly mastered new-fangled things
sending text messages to illiterate aunts
back in Source of White River territory
where the intestines of a black pig are still used
for divination

They exercised their vote.
A certain delightful paleness entered their cheeks
and they walk now to a new, bold rhythm
pausing only to look in shop windows
combing back sleek hair

Their diet today is more varied.
Babies come into the world and are baptised
without that lost look in their eyes.
They speak volubly—
Rapid fire—
time is now more precious than before

One of them publishes a poem abroad
to much acclaim
another is paid what you'd spend in a year
for modelling underwear

On hot summer nights
when the air conditioning fails
they dream the sacred waterfall . . .

In olden days a seer would sit
on a threadbare bullock hide
and in a recess behind the bright roar
plunge into ancestral silence
invoking the restless spirit of the falls
before emerging from a corona of spume
to scatter pearl-strung litanies:
all who listened were rooted to the ground
and were healed.

His Grace on a plinth

Nobody quite knows who you are
or why you're there
taking up such valuable space
almost enough for a wine bar.
Your name suggests
a Church of Ireland bishop
as does your poise.
Let me guess,
you once did the Grand Tour
your daughter sketched the Coliseum
you instructed your secretary
to pay the sum of five guineas
to the Gaelic League.
You preached sermons
about vanity
the illusion of grandeur and fame
you cared for horses. Dogs.

Who are these people passing by?
Not the type who seem to know much
about old English roses.
Why don't they look up?
Some do
but your gaze is elsewhere
towards heaven
or, further still, the troubled Empire.

Leviathan

Arrows do not make him flee, sling stones are like chaff to him.
(Tanakh)

A whale came into the shallows of Machaire Rabhartaigh
all attempts at resuscitation failed
    . . . trembling purple orchids among the dunes

They buried it fifteen feet below
but full of gas
it rose again

Holding their noses
they cut it into three
and re-interred it in the sand
    . . . trembling purple orchids among the dunes

What had brought it in?
The Royal Navy:
"We were not in that area.
 Furthermore, our sonar signals are not considered to be—"
    . . . trembling purple orchids among the dunes

Music in the pubs was muted that night
a fiddle played a slow air
the moon came out, briefly,
Enbarr, the sea-god's horse, was heard
thundering along the strand
his long white mane billowing
    . . . trembling purple orchids among the dunes

Lethal Injection

I'm quickly trying to forget
about it all. Which part of him received
the needle; which organ first gave up
the ghost. T-shirts: He Deserved To Die. Jesus
freaks, his last words;
relatives of the victims. Talk
of closure. I'm trying to forget what day
it was. What week. What month
of the year. The country in which
it happened. The state. Name
of town? Size, population? Hamburgers,
tatoos, conspiracy
theories. The river that passes
by: tell me how the native Ouaboukigou—
'Shining White' all 475 miles of her—
became the Wabash? I know
who I'd like to meet. Not the lawyers, jury
members, judge, or those who witnessed
the atrocity of Oklahoma, atrocity
of his death in Terre Haute, atrocity
of the Gulf War in which he served. Or the scientists
who concocted the brew that sent him
flapping on withered wings into the unknown. No,
none of these. Know who I'd like to meet?
Someone who never heard of him. Who? Timothy McVeigh?
Nope . . . can't say I have . . .
I imagine untrodden flowers, another
river, a darker one. Its name
unchanged over a thousand

years, as legend-whispering reeds
will testify. No prayers or curses mingle
with its murmuring. A lone
kingfisher, eyes glued
to the water, alert, unafraid.

Comfort Lady: a veteran remembers

It was plain she had lost her reason
as I had lost my soul

One morning
the sun reddened over a roaring maze of trees.
How to know blood from dew?
I tore up all my haiku

For years afterwards
my mouth sagged
my wife said, You've had a stroke!
no, my eyes screamed, their whites curdled

Old pleasures yield nothing.
Calligraphy? The brush is not warm in my hand
Gardening?
More death
than life in the soil.
The pageantry of seasons?
Crumbling stage scenery!

After the war
she leaped to her death
emitting an eagle's whistling cry

Fade out . . .
it's on film: I saw it on a history channel
roughly six seconds

Was it you?

I write this down
so that my children and grandchildren and their children
will know of my sorrow

A leaf has just landed on the veranda
I pick it up, finger its veins
and half choke: time passes, a running sore.

I went to die for the Emperor
and lived. I am eaten by shame . . .
comfort lady, what was your name

The sun will be free

Passover in Dachau,
a twelve year old whispers to himself,
'Next year in Jerusalem!'
Not sure what next year means
or where Jerusalem might be from here—
Is it real?
That it may be just another myth
is a thought he cannot carry for too long:
At the camp's perimeter
the setting sun is caught in barbed wire
and struggles to go down.
He dreams of oranges,
so real they are, he wipes the non-existent juice
from his chin.
Well, if not next year then the year after
in a place where no dogs bark,
where folk wear different kinds of clothes
and shoes—and hats.
He'll have a hat in the old city
and never take it off,
getting up in the morning
going to bed at night
it will be there, on his head—
with its own space at night, a hatstand!
He will move in a world of men,
speak Yiddish, learn Hebrew,
read newspapers, sip coffee,
smoke cheroots. Utter Oy, vey
loud and often to his heart's content.

And he will eat oranges
spit out the pips
and if people look at him strangely
he will flash a smile—
his teeth will shine again
and the sun will be free to rise and set
next year in Jerusalem.

Pearse's Ophelia

'We knew her well, and she was the
most nobly planned of all the women
we have known.' (P. H. Pearse)

Father Tom had the formula
the chant
the words and phrases
the exact way to utter them
he had the prayer
the rhythm and pitch of it
the tone
whatever it was
the charm
incantation
was it a mantra
he could have called the soul
calling it back
back into the body of Eibhlín
Pearse's Ophelia
Eibhlín Nic Niocaill
alas, poor Eibhlín
drowned on a visit to the Blaskets
he couldn't do it
wouldn't do it
couldn't say the words
they wouldn't come to him
wouldn't come out of his mouth
oh he had them alright
Father Tom—Conjuror—

every precious syllable to snare the soul
of Eibhlín Nic Niocaill
massaging the pure spirit back into her briny body
with ancient whisperings
everyone knew it
everyone knew he had them
but they were locked inside him
frozen

keening women found words to wail her:
> *mo ghraidhn thú, a Eibhlín,*
> *mo ghraidhn do mháthair,*
mo ghraidhn go brách í!

What is the formula
that can change history?
Father Tom brought his cold secret with him to the grave.

Malgudi

I have come to Malgudi—
at last!

All is flux
but Malgudi does not fluctuate.
It is what and where
it always has been,
resting like a cloud
somewhere in South India.

It flows as it has always flowed
the river Sarayu
and has not changed course.
Birnam Wood may move
but Mempi Forest—guess what—
it hasn't moved an inch,
not to Chennai or Mumbai.

Here's the thing:
all needs are fulfilled in Malgudi.
If rain's required,
will Raju not earnestly pray
for the first drop to fall?

Furthermore:
if poems need printing
someone will be waiting,
at Truth Printing Works:
why, if they pass muster

one can read them to the long-suffering pupils
of Albert Mission School (established 1904)
or give them first to Srinivas
for top class editing.

What else?
Should I need oil
is Ellaman Street not home
to oil mongers?

What if I get bored?
I can gaze at that statue again—
Sir Frederick Lawley proudly on his horse,
a good Brit: a 'Quit India' Brit!

The Boardless restaurant
where only the most exquisite gossip is exchanged:
a certain gentleman of Kabir Street
cuckolded again—for the third time.

Pop up to the station
and see who's getting off the train.
A Talkative Man, perhaps?
So what if I stare!
In Malgudi, it's not rude to stare.

A stray dog without a name
lies down beside its weary shadow.

Early morning stroll
to the river for ablutions:
the milkman might ask, 'What time is it?'
Jingle of ox-bells, carts on their way to market.
Ah! I have come to Malgudi.

If taken ill
What better than an earful of good words from Dr Raman!
If more good news is needed
Surely postman Thannappa will bring it.

Friendship?
A poet is recreating the life of Krishna
in priceless monosyllabic verse—
'Girls with girls did dance in trance—'
surely he will become my dearest friend!

Some people say, 'It has changed'.
No! The way 'some people' see it has changed
but that's people for you, not Malgudi!
Malgudi does not change,
it does not expand any more
or contract.
Let others follow their dreams and mirages—
Jagan, vendor of sweets,
still follows the Mahatma.

Rome, Vrindavan, Cork, Los Angeles—
I could not live anywhere else. No.
I have come at last to Malgudi!

But wait!
Yes. Of course. Yes, I know . . .
Do you take me for a crazed one,
Idiot of the Month?

I know full well it does not exist.
But I have news for you:
neither does Rome, Cork
or anywhere else.
Malgudi is nothing,
nothing but fiction,
a dream, pure illusion . . .
The Regal Haircutting Saloon—
I mean to say, really!

And yet . . .
I have come
I am here and not here
I have reached the unreachable:
I have come at last to Malgudi.

To My Parents

When you coupled
as One
you conjured me—
the One—
out of the universe where I've always been
into this world
of night and day:
Mother, how can I not hold on to your breast
and taste of the Milky Way!

APPENDIX II

Some poems from the 1916 era (in translation)

Caoineadh Thomáis Mhic Dhonnchadha
Francis Ledwidge

Ní chloisfidh sé an bonnán buí
Sa spéir fhiáin, is é ina luí,
Ná cantain shéimh na n-éan binn
Os cionn ghol na báistí.

Ná nuair a shéidfidh Márta garbh
A bhlosc garg trí shneachta mín
Is lasair curtha aige cheana
Faoi lusanna an chromchinn.

Ach nuair nach insan riasc níos mó
A bheidh an Bhó ach ar thalamh slán
Sea cloisfidh sé a géimneach fós
A hadharc ag lonrú ar an mbán.

Do Constance Markievicz ar a lá breithe i bpríosún

Feabhra 1917—Eva Gore-Booth

Am ní bhaineann leat, a chroí,
Siúlann tusa cosán an bhua,
Saibhir is gan agat aon ní,
Aerach is gan grian ar do ghrua,
Saor i gcarcair ataoi.

Is nuair a thiocfaidh Lá an Luain
Ar charn an tseandomhain ina luí
Beidh cumhachtaí is impireachtaí,
Is tusa gléineach buan dochloíte
Óg síoraí.

An fhuil is léir dom ar an rós
Joseph Mary Plunkett

An fhuil is léir dom ar an rós,
I ngach aon réalt tá glóir a shúl.
Mar shneachta a cholainn, is ritheann fós
A dheora geala ón spéir anuas.

Is léir a ghnúis i ngach aon bhláth,
An toirneach agus scol gach éin
A ghuth, ar ndóigh—is snoite tá
A chumhacht sa charraig féin.

Is é a shiúil gach cosán dearg,
A chroí a bhogann an tonn tuile,
Fíodh a choróin as gach aon dealg
A chros is beo i ngach aon bhile.

An ghaoth i measc na heornan
Katharine Tynan

Tá ceol im' chroí an lá go léir
Ar maidin is tráthnóna,
Is cloisim é sa pháirc go glé,
An ghaoth i measc na heornan.

Is tá na huachtair tais le drúcht,
An spéir go péarlach lonrach,
Is tá an domhan glas ag tabhairt cluas
Don ghaoth i measc na heornan.

Thar bhuaic an tsléibhe ar feadh an lae
Fuiseog ag canadh i gcónaí,
Na nótaí binne is iad go séimh
Sa ghaoth i measc na heornan.

Is glaonn sí orm i ngach séasúr,
Ar maidin is tráthnóna,
Tar chugam, tar chugam, ar sí go suairc
An ghaoth i measc na heornan.

I bPáras
Tomás Mac Donnchadha

Sé seo m'fhásach-sa is táim anseo liom féin
Ina lár is níl aithne ag éinne orm.
I mo thost mar a bheadh seabhac i gcéin
Sa spéir ghorm.

Ní labhraím le héinne ó mhaidin go hoíche
Mo ghnó féin á chur i gcrích,
An slua callánach thart orm ina mílte
Gan sos gan scíth.

Buaileann clog mór an tSorbonne
Mar a bhuail anseo fadó
Siar in aimsir Villon
A scoir láithreach dá ghnó.

San áit seo is sneachta ag titim ón spéir
Leis féin ina sheomra cúng—
Ceithre chéad caoga bliain ó shin
Le Grand Testament do chum.

An fánaí

Pádraic Mac Piarais

Chuir áilleacht an domhain seo cumha orm,
An áilleacht seo a imeoidh;
Uaireanta cuireann iora preabach i gcrann
Na smóilíní ag sclimpireacht i mo chroí
Nó bóín Dé ina dheargloinnir ar ghas
Nó coiníní beaga i ngort sa chlapsholas
Is an ghrian á bpógadh,
Nó cnoc glas éigin is scáileanna ag gabháil thar bráid,
Cnoc ciúin éigin is sléibhteánach ag cur síolta ann,
Ní fada uaidh an fómhar, gar do gheataí neimhe;
Nó páistí cosnochta sa ghaineamh
Is an taoide tráite, nó iad ag spraoi ar na sráideanna
I mionbhailte Chonnacht,
Nithe óga is iad sona.
Is ansin do labhair mo chroí liom:
Ní mhairfidh,
Ní mhairfidh, athróidh, is caillfear go deo iad,
Nithe geala glasa, nithe óga is iad sona;
Is tá mo chúrsa curtha díom agam
Faoi smúit.

Do m'iníon, Beití

Tom Kettle

In aois na gaoise a thiocfaidh, a róisín án
Is tú ar nós do mhátharsa faoi bhláth.
San am dochreidte sin amach anseo, a ghrá
Fiafróidh tú cén fáth ar thréigeas thú. Cén fáth,
Cén fáth do chroí a fhágaint ann, cén gá
A bhí le coinne leis an mbás. Is Ó, dubh is bán
A bheidh an scéal acu: gníomh oirirc, a déarfaidh a lán
Díchiall amach is amach—an chuid eile acu á rá.
Is na gunnaí mire ag liú anseo in airde,
Osna na bhfear láibe is iad ag póirseáil rompu go cráite
Tuig gur amadáin sinne i measc na marbhán
Is nach bratach, ná Rí ná Impire ba chúis lenár sáinn
Ach aisling a saolaíodh fadó i mbothán,
Is Scrioptúr rúnda na mbochtán.

An Teanga Ghaeilge

Roger Casement

Do thréig sí an cnoc is an gleann
teanga thréan na sean;
Sa láib di seachas ar an mbeann—
is balbh é ár ngean:
Do dhíolamar teanga na nGael
ar scilling gheal an Rí,
Nach mílítheach é ár mbéal—
is ár mbeola ar easpa brí;
Do dhíolamar ár ndúchas is ár ngreann—
an chonair cham do lean.
Do thréig sí an cnoc is an gleann
teanga thréan na sean.

Mar ór ar an aiteann faoi bhláth
san Earrach mar aon bhladhm amháin
Go domhain inár gcroíthe atá—
lasair an bhua gan cháim:
Sa ghleann ina ritheann sruthán
sa smior is sa smúsach, sa chroí,
In intinn bhíogúil an ógáin
tabharfar beocht do na seansiollaí
A fhógróidh ár gcearta don lá
in aon gheal-ghaisce amháin:
Mar ór ar an aiteann faoi bhláth
faoin ngal gréine gan cháim.

Préacháin ag filleadh
Seosamh Mac Cathmhaoil

Préacháin ag filleadh
Is titeann scáth,
An rós fá shuan
San iothlainn tá,
Na leamhain dhalla
'Na n-eitilt rúin
Is seoltar síth
Ár dTiarna chugam.

Nuair 'bhreathnaíonn réalt'
Ar an Ógchosán,
Nuair a chruinníonn ceo
Go dlúth sa ráth,
Nuair 'théann an oích'
Sa sáile ciúin
Sea 'sheoltar síth
Ár dTiarna chugam.

Tar go dtí an fhuinneog
James Joyce

Tar go dtí an fhuinneog
    'Niamh Chinn Óir.
Chuala tú 'canadh
    I do bhinnghlór.

Dhúnas an leabhar.
    Ní léim níos mó.
Breathnaím ar lasracha
    Ó óró.

D'fhágas an leabhar.
    Is an seomra d'fhág
Mar chuala mé amhrán
    Tríd an scáil.

Ag canadh os ard
    I do bhinnghlór.
Tar go dtí an fhuinneog
    'Niamh Chinn Óir.

An rud deireanach
Monk Gibbon

Cé a bheadh scanraithe roimh an mbás,
amadáin amháin
measaim. Ní hé
go dtugtar an rud seo
d'aon fhear amháin, is do chách
é. An t-aistear a chuirfidh mo charasa de,
cuirfeadsa díomsa freisin. Mura bhfuil
faic eile ar eolas agam, tá fhios agam
an méid seo, raghadsa san áit a bhfuil seisean.
A Amadána, a chúbann ón doraisín seo
trínar ghabh a liacht sin anam lách cineálta
romhaibh,
an bhfanfaidh sibhse siar?
An deacra do chás-sa ná cás éinne eile?
Ní fíor.
Agus an iomarca ciúnais thall?
Mhuise, bhí dóthain hurlamaboc abhus.
Ar aghaidh leat go calma, mar san áit a raibh gaisce
agus cneastacht go leor cheana, bíodh áthas ortsa
iadsan a leanacht.

Nead na druide cois na fuinneoige agam
W. B. Yeats

Beacha ag tógáil i scoilteanna
Na saoirseachta scaoilte, is siod í
Máthair an áil le cruimheanna is cuileoga.
Tá an balla ag éirí scaoilte; a bheacha meala
Tagaigí is tógaigí in áras folamh na druide.

Táimid teanntaithe, tá an eochair casta
Ar ár neamhchinnteacht, áit éigin
Fear á lámhach, nó teach ina lasracha.
Is gan fíric ghlé ná léargas:
Tagaigí is tógaigí in áras folamh na druide.

Baracáid cloch nó adhmaid;
Coicís de chogadh cathartha:
Aréir iompraíodh an saighdiúir óg marbh
Síos an bóthar, é féin is a chuid fola:
Tagaigí is tógaigí in áras folamh na druide.

Chothaíomar ár gcroí ar aislingí,
Cothú a d'fhág ár gcroí ar nós na brúide,
Is substaintiúla é ár naimhdeas
Ná ár ngrá: Ó, a bheacha meala
Tagaigí is tógaigí in áras folamh na druide.

Also by Gabriel Rosenstock

Susanne sa seomra folctha. (Clódhanna Teo., 1973)
Tuirlingt. (Carbad, 1978)
An t-ochtapas agus rainn eile. Verse, illustrated by Gerrit van Gelderen (Clódhanna, 1977)
An béar bán. *Rainn do pháistí.* Verse, illustrated by Peter Monaghan (Clódhanna, 1978)
An chrosóg mhara. *Rosie & Paybo.* Verse (An Gúm, 1980; New ed. 2008.)
Piasún ar Ghéag. *Rosie & Paybo.* Verse (An Gúm, 1981; New ed. 2008)
Frog is fiche. Verse. (Taibhse, 1986)
Dathaigh an dáinín. *Rosie & Paybo.* Verse colouring book (Cló Iar-Chonnachta, 1987)
Dánta duitse! Scoth véarsaí do dhaoine óga. Verse. (Cló Iar-Chonnachta / Folens, 1988)
Méaram! (An Clóchomhar, 1981)
Om. (An Clóchomhar, 1983)
Nihil Obstat. (Coiscéim, 1984)
Migmars. (Ababúna, 1985)
Rún na gCaisleán. (Taibhse, 1986)
Oráistí, Rogha dánta agus dánta nua. (Cló Iar-Chonnachta, 1991)
Ní mian léi an fhilíocht níos mó. (Cló Iar-Chonnachta, 1993)
Rogha Rosenstock. (Cló Iar-Chonnachta, 1994)
Syójó. (Cló Iar-Chonnachta, 2001)
Eachtraí Krishnamurphy. (Coiscéim, 2003)
Krishnamurphy ambaist. (Coiscéim, 2004)
Forgotten Whispers / Cogair dhearúdta. Haiku with photography by John Minihan
(Anam Press, 2003).
Hymn to the Earth. Poems with photography by Ron Rosenstock (The Silverstrand
Press, 2004)
Rogha Dánta / Selected Poems. Translated by Paddy Bushe: (CIC, 2005)
Bliain an Bhandé / Year of the Goddess. (Dedalus Press, 2007)
Tuairiscíonn Krishnamurphy ó Bhagdad. (Coiscéim, 2007)
Géaga Trí Thine. Haiku (Comhar, 2006)
Margadh na Míol in Valparaíso / The Flea Market in Valparaíso: new and selected poems
(CIC, 2014)
Cuach ó Aois Eile ag Glaoch. (Coiscéim, 2014)
Sasquatch. (Arlen House, 2014)
Cold Moon: The Erotic Haiku of Gabriel Rosenstock. (Brandon, 1993)
Portrait of the Artist as an Abominable Snowman. Selected Poems, translated from the Irish
by Michael Hartnett, and New Poems, translated by Jason Sommer (Forest Books 1989)
Uttering Her Name. (Salmon Poetry, 2009)

The Invisible Light: Poems & photography by Ron Rosenstock (The Silverstrand Press, 2012)
The Confessions of Henry Hooter the Third: Poems for Owlish Children. (Kindle, 2011)
Where Light Begins. Haiku (OW, 2012)
I Met a Man from Artikelly: Verse for the young and young at heart. (Evertype, 2013)
The Naked Octopus: Erotic haiku in English with Japanese translations. (Evertype, 2013)
Chögyam Trungpa: One Hundred Haiku. (Kindle, 2014)
Rare Times. Haiku with photographer Jason Symes. (Kindle, 2017)
Judgement Day. Haiku (The Onslaught Press 2016)
Beyond the Yew Hedge. Haiku (The Onslaught Press, 2016)
Antlered Stag of Dawn. Haiku (The Onslaught Press, 2015)
Orpheus in the Underpass. Haiku (The Onslaught Press, 2017)
Emptiness. Haiku with photographer Ron Rosenstock (Long Exposure Press, 2017)

www.ingramcontent.com/pod-product-compliance
Lightning Source LLC
Chambersburg PA
CBHW031851090426
42741CB00005B/440